學校 - mokykla · 2
旅行 - kelionė · 5
交通運送 - transportas · 8
城市 - miestas · 10
地形 - kraštovaizdis · 14
餐館 - restoranas · 17
超市 - prekybos centras · 20
飲料 - gėrimai · 22
食物 - maistas · 23
農場 - ūkininko ūkis · 27
房子 - namas · 31
客廳 - svetainė · 33
廚房 - virtuvė · 35
浴室 - vonios kambarys · 38
兒童房 - vaiko kambarys · 42
衣服 - drabužis · 44
辦公室 - biuras · 49
經濟 - ekonomika · 51
職業 - profesijos · 53
工具 - įrankiai · 56
樂器 - muzikos instrumentai · 57
動物園 - zoologijos sodas · 59
體育 - sportas · 62
活動 - užsiėmimai · 63
家 - šeima · 67
身體 - kūnas · 68
醫院 - ligoninė · 72
緊急情形 - nelaimingas atsitikimas · 76
地球 - Žemė · 77
鐘錶 - laikrodis · 79
週 - savaitė · 80
年 - metai · 81
形狀 - formos · 83
顏色 - spalvos · 84
反義詞 - priešingos reikšmės žodžiai · 85
數字 - skaičiai · 88
語言 - kalbos · 90
誰/什麼/如何 - kas / ką / kaip · 91
方位 - kur · 92

Impressum
Verlag: BABADADA GmbH, Nedderfeld 112 , 22529 Hamburg
Geschäftsführer / Verlagsleitung: Harald Hof
Druck: Books on Demand GmbH, In de Tarpen 42, 22848 Norderstedt

Imprint
Publisher: BABADADA GmbH, Nedderfeld 112 , 22529 Hamburg, Germany
Managing Director / Publishing direction: Harald Hof
Print: Books on Demand GmbH, In de Tarpen 42, 22848 Norderstedt

學校
mokykla

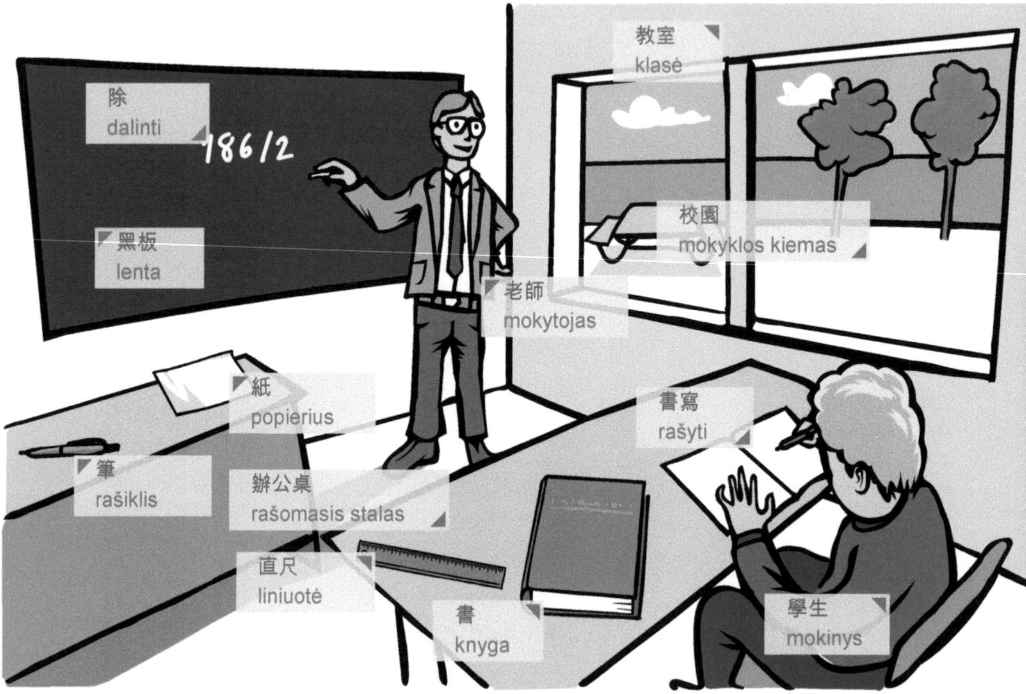
教室
klasė
除
dalinti
186/2
黑板
lenta
校園
mokyklos kiemas
老師
mokytojas
紙
popierius
書寫
rašyti
筆
rašiklis
辦公桌
rašomasis stalas
直尺
liniuotė
書
knyga
學生
mokinys

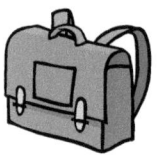

書包

kuprinė

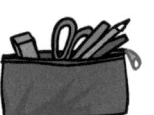

鉛筆盒

penalas

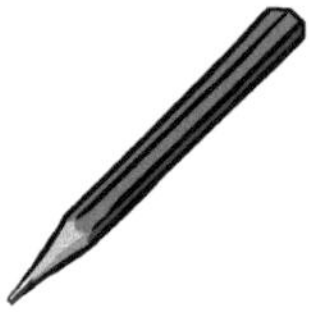

鉛筆

pieštukas

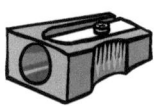

削鉛筆機

drožtukas

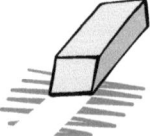

橡皮擦

trintukas

畫板

piešimo bloknotas

圖畫

piešinys

畫筆

teptukas

顏料盒

dažų dėžutė

剪刀

žirklės

膠水

klijai

練習冊

vadovėlis

家庭作業

namų darbai

12

數字

numeris

2+2

加

pridėti

5-2

減

atimti

2×2

乘

dauginti

計算

skaičiuoti

A

字母

raidė

ABCDEFG
HIJKLMN
OPQRSTU
VWXYZ

字母表

abėcėlė

字

žodis

課文

tekstas

讀

skaityti

粉筆

kreida

上課

pamoka

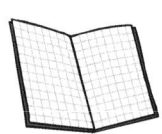

登記

dienynas

考試

egzaminas

證書

pažymėjimas

校服

mokyklinė uniforma

教育

išsilavinimas

百科全書

enciklopedija

大學

universitetas

顯微鏡

mikroskopas

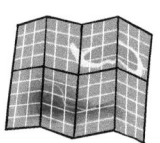

地圖

žemėlapis

廢紙簍

šiukšliadėžė

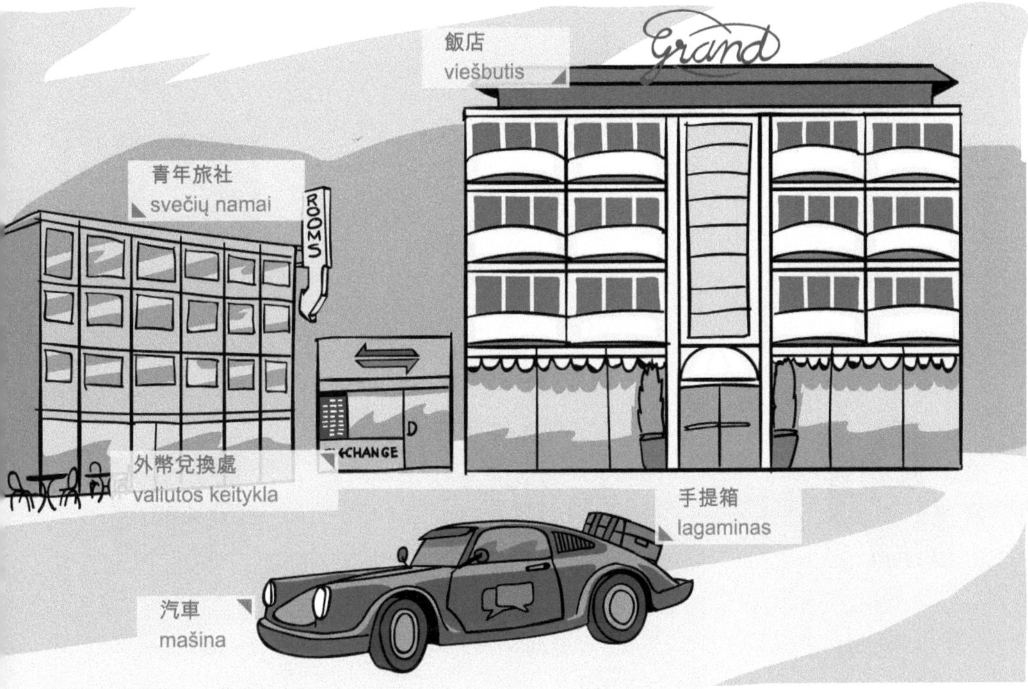

飯店
viešbutis
Grand
青年旅社
svečių namai
ROOMS
外幣兌換處
valiutos keitykla
手提箱
lagaminas
汽車
mašina

語言

kalba

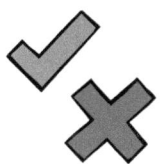

是/否

taip / ne

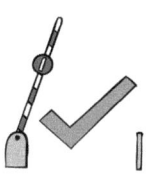

好的

Gerai

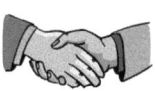

您好

sveiki

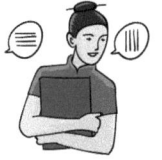

翻譯人員

vertėjas raštu

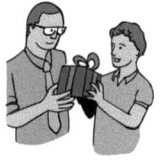

謝謝

Ačiū

……多少錢？

kiek kainuoja...?

我不明白

aš nesuprantu

問題

problema

晚上好！

Labas vakaras!

早上好！

Labas rytas!

晚安！

Labos nakties!

再見

viso gero

方向

kryptis

行李

bagažas

包

krepšys

背包

kuprinė

客人

svečias

房間

kambarys

睡袋

miegmaišis

帳篷

palapinė

旅行資訊

turizmo informacija

海灘

paplūdimys

信用卡

kreditinė kortelė

早餐

pusryčiai

午餐

pietūs

晚餐

vakarienė

票

bilietas

電梯

liftas

郵票

pašto ženklas

邊界

siena

海關

muitinė

大使館

ambasada

簽證

viza

護照

pasas

交通運送

transportas

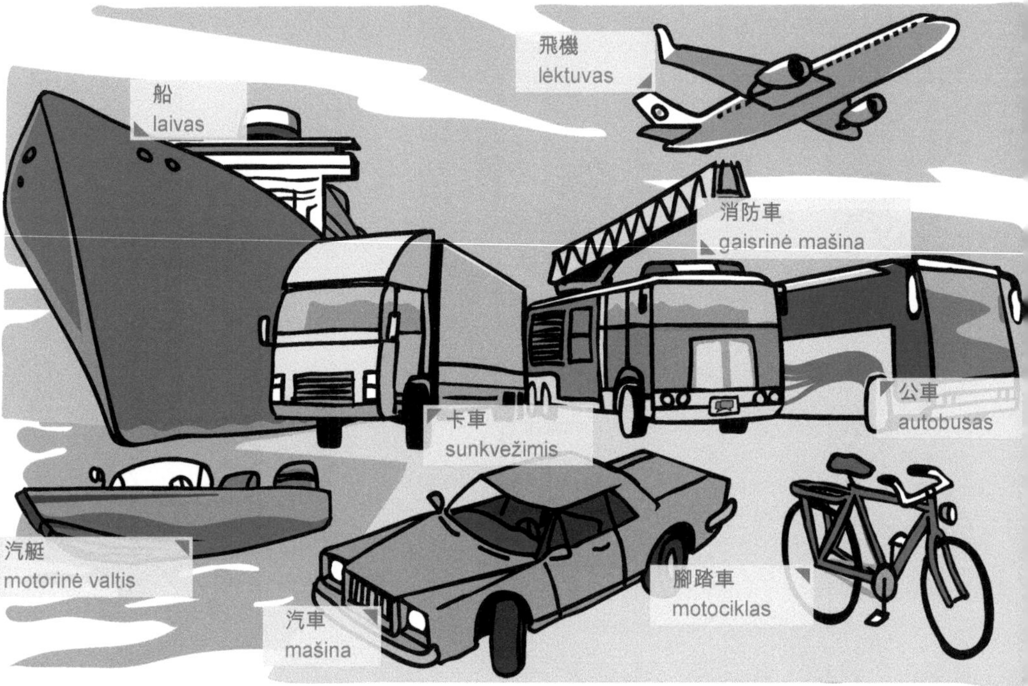

飛機
lėktuvas
船
laivas
消防車
gaisrinė mašina
公車
autobusas
卡車
sunkvežimis
汽艇
motorinė valtis
腳踏車
motociklas
汽車
mašina

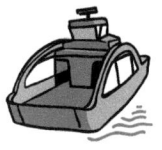

渡輪

keltas

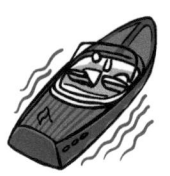

小船

valtis

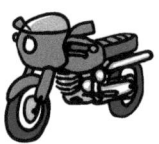

機車

mopedas

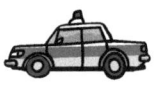

警車

policijos automobilis

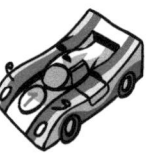

賽車

lenktyninis automobilis

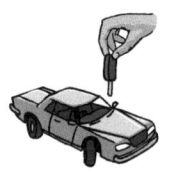

租車

nuomojamas automobilis

拼車

bendras automobilio
naudojimas

拖車

techninės pagalbos
automobilis

垃圾車

šiukšliavežė

馬達

variklis

汽油

degalai

加油站

degalinė

交通標識

kelio ženklas

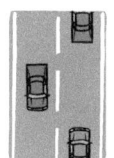

交通

eismas

交通堵塞

eismo spūstis

停車場

mašinų stovėjimo aikštelė

火車站

traukinių stotis

軌道

bėgiai

火車

traukinys

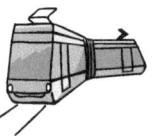

路面電車

tramvajus

客車廂

vagonas

直升機

sraigtasparnis

機場

oro uostas

塔

bokštas

乘客

keleivis

集裝箱

konteineris

紙板箱

dėžė

手推車

vežimėlis

籃子

krepšys

起飛/降落

pakilti / nusileisti

城市

miestas

村莊

kaimas

市中心

miesto centras

房子

namas

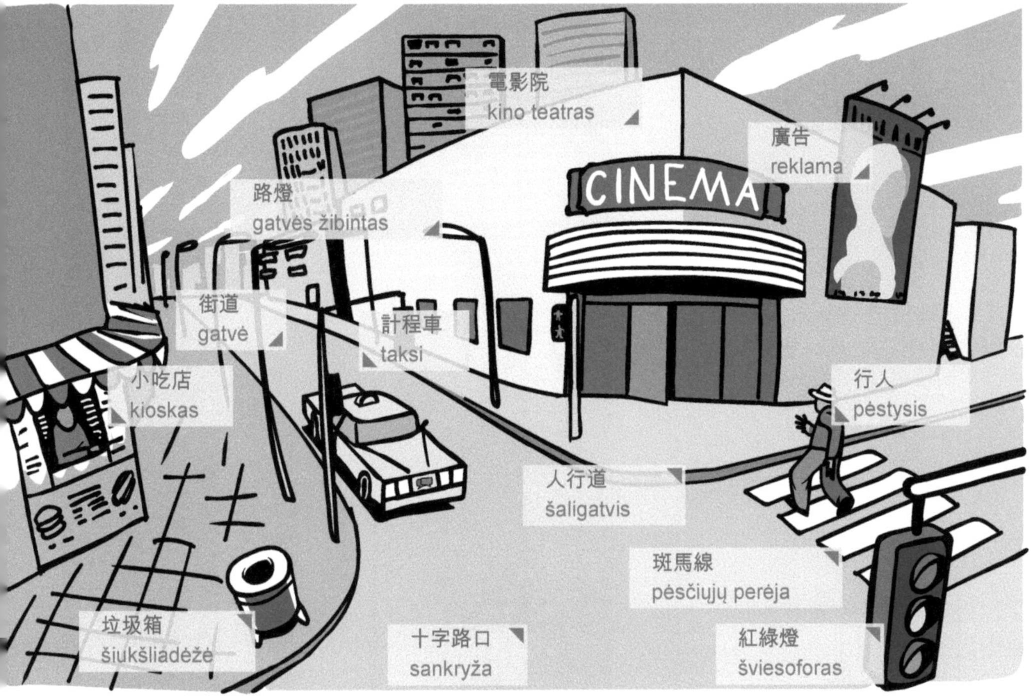
電影院
kino teatras
CINEMA
廣告
reklama
路燈
gatvės žibintas
街道
gatvė
計程車
taksi
小吃店
kioskas
行人
pėstysis
人行道
šaligatvis
斑馬線
pėsčiųjų perėja
垃圾箱
šiukšliadėžė
十字路口
sankryža
紅綠燈
šviesoforas

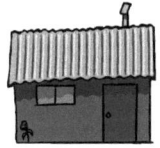

小屋

trobelė

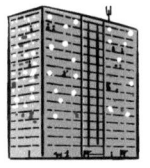

公寓

butas

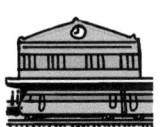

火車站

traukinių stotis

市政廳

rotušė

MUSEUM

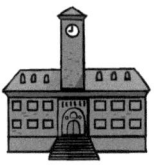

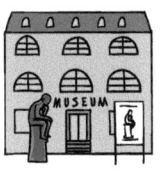

博物館

muziejus

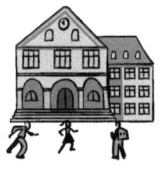

學校

mokykla

大學

universitetas

銀行

bankas

醫院

ligoninė

飯店

viešbutis

藥房

vaistinė

辦公室

biuras

書店

knygynas

商店

parduotuvė

花店

gėlių parduotuvė

超市

prekybos centras

市場

turgus

百貨商店

universalinė parduotuvė

魚店

žuvies parduotuvė

購物中心

prekybos centras

海港

uostas

公園

parkas

長凳

suoliukas

橋

tiltas

樓梯

laiptai

捷運

metro

隧道

tunelis

公車站

autobusų stotelė

酒吧

baras

餐館

restoranas

郵筒

lauko pašto dėžutė

路標

kelio ženklas

停車計時器

parkomatas

動物園

zoologijos sodas

游泳池

baseinas

清真寺

mečetė

農場

ūkininko ūkis

污染

tarša

墓地

kapinės

教堂

bažnyčia

操場

žaidimų aikštelė

寺廟

šventykla

地形

kraštovaizdis

樹葉
lapas

指示牌
kelio rodyklė

路
kelias

草地
pieva

石頭
akmuo

樹
medis

徒步旅行者
ėjikas

河
upė

草
žolė

花
gėlė

峡谷

slėnis

丘陵

kalva

湖

ežeras

森林

miškas

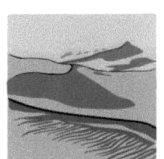

沙漠

dykuma

火山

ugnikalnis

城堡

pilis

彩虹

vaivorykštė

蘑菇

grybas

棕櫚樹

palmė

蚊子

uodas

蒼蠅

musė

螞蟻

skruzdėlė

蜜蜂

bitė

蜘蛛

voras

甲蟲

vabalas

青蛙

varlė

松鼠

voverė

刺蝟

ežys

野兔

kiškis

貓頭鷹

pelėda

鳥

paukštis

天鵝

gulbė

野豬

šernas

鹿

elnias

麋鹿

briedis

水壩

užtvanka

風力發電機

vėjo jėgainė

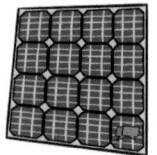

太陽能電池板

saulės baterija

氣候

klimatas

餐館
restoranas

服務生
padavėjas
菜譜
meniu
椅子
kėdė
湯
sriuba
披薩餅
pica
餐具
stalo įrankiai
桌布
staltiesė

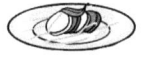

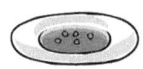

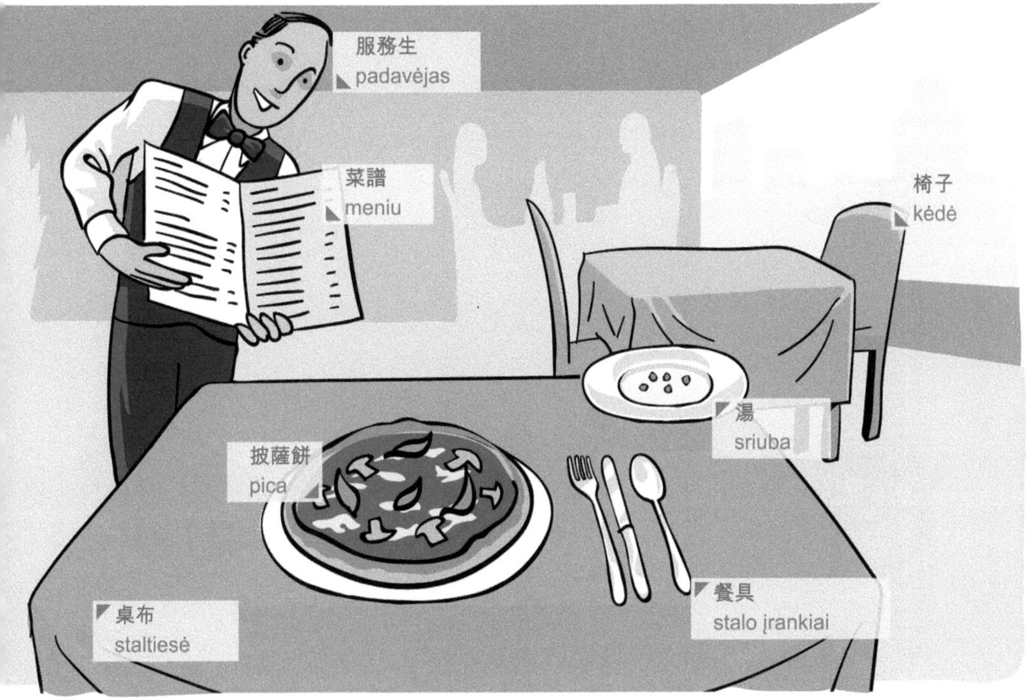

前菜

užkandis

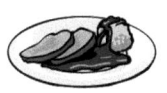

主菜

pagrindinis patiekalas

甜點

desertas

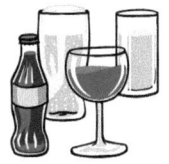

飲料

gėrimai

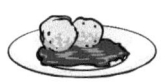

食物

maistas

瓶子

butelis

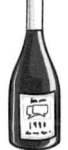

速食

greitai pateikiamas maistas

街邊小吃

gatvės maistas

茶壺

arbatinukas

糖盒

cukrinė

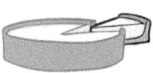

一份飯菜

porcija

義式咖啡機

espreso aparatas

高腳椅

aukšta kėdė

帳單

sąskaita

托盤

padėklas

刀

peilis

餐叉

šakutė

勺子

šaukštas

茶匙

arbatinis šaukštelis

餐巾

servetėlė

玻璃杯

stiklinė

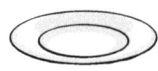

碟子

lėkštė

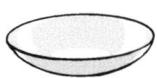

湯盤

sriubos lėkštė

碟子

padėklas

醬

padažas

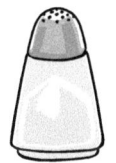

鹽瓶

druskinė

胡椒研磨罐

pipirų malūnėlis

醋

actas

食用油

aliejus

調味料

prieskoniai

番茄醬

kečupas

芥末

garstyčios

美乃滋

majonezas

超市

prekybos centras

特價
specialus pasiūlymas
FOR
顧客
pirkėjas
乳製品
pieno produktai
水果
vaisiai
購物車
troleibusas

BUTCHERS

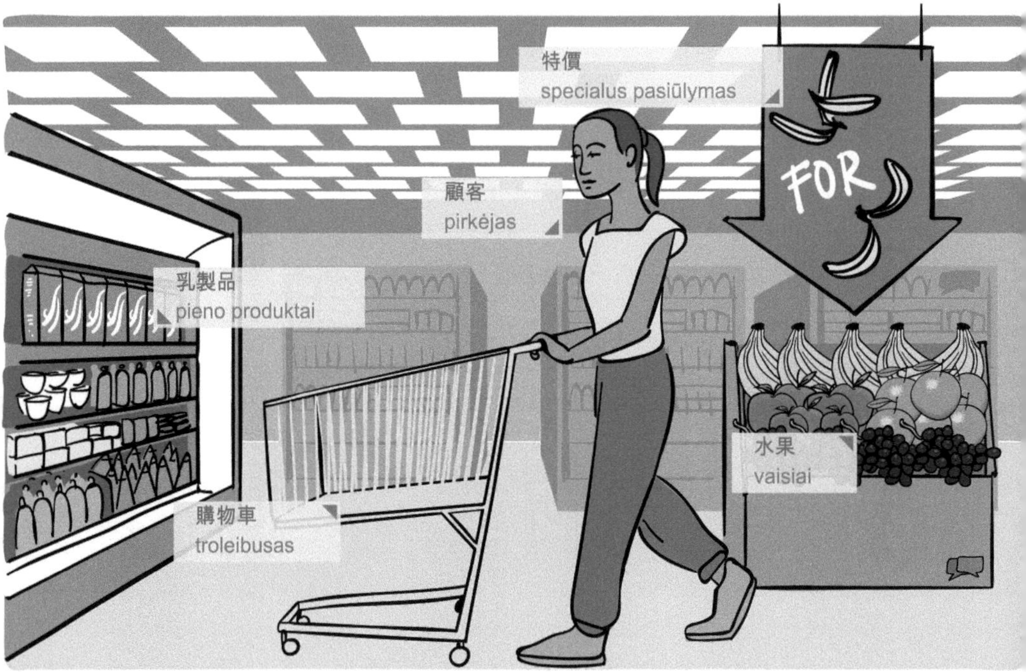

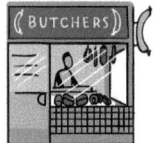

肉鋪

mėsos parduotuvė

BAKERY

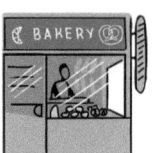

麵包店

kepykla

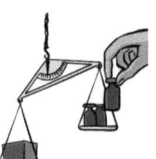

稱重

sverti

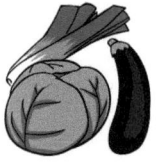

蔬菜

daržovės

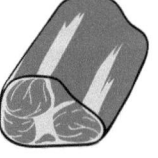

肉

mėsa

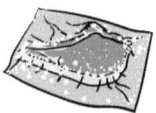

冷凍食品

šaldytas maistas

冷盤

šalti mėsos užkandžiai

罐頭食品

konservai

洗衣粉

skalbimo milteliai

甜食

saldumynai

日用品

ūkinės prekės

清潔用品

valymo priemonės

銷售員

pardavėja

收銀機

kasos aparatas

收銀員

kasininkas

購物清單

pirkinių sąrašas

開放時間

darbo valandos

錢包

piniginė

信用卡

kreditinė kortelė

袋子

maišelis

塑膠袋

plastikinis maišelis

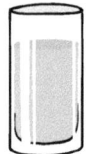

水

vanduo

果汁

sultys

牛奶

pienas

可樂

kola

紅酒

vynas

啤酒

alus

酒

alkoholis

可可

kakava

茶

arbata

咖啡

kava

義式濃縮咖啡

espresas

卡布奇諾

kapučinas

香蕉

bananas

蘋果

obuolys

柳丁

apelsinas

西瓜

arbūzas

檸檬

citrina

胡蘿蔔

morka

大蒜

česnakas

竹子

bambukas

洋蔥

svogūnas

蘑菇

grybas

堅果

riešutai

麵條

makaronai

義大利麵

spagečiai

米飯

ryžiai

沙拉

salotos

薯條

traškučiai

炸馬鈴薯

keptos bulvės

披薩餅

pica

漢堡

mėsainis

三明治

sumuštinis

炸豬排

pjausnys

火腿

kumpis

義大利臘腸

saliamis

香腸

dešrelė

雞肉

vištiena

烤肉

kepsnys

魚

žuvis

燕麥片

avižų dribsniai

木斯里

dribsniai su priedais

玉米片

kukurūzų dribsniai

麵粉

miltai

牛角麵包

prancūziškasis ragelis

麵包捲

bandelė

麵包

duona

吐司

skrebutis

餅乾

sausainiai

奶油

sviestas

凝乳

varškė

蛋糕

tortas

蛋

kiaušinis

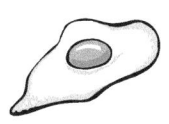

煎蛋

kiaušinienė

起司

sūris

食物 - maistas

冰淇淋

ledai

糖

cukrus

蜂蜜

medus

果醬

uogienė

巧克力醬

tepamas šokoladas

咖哩

karis

農場
ūkininko ūkis

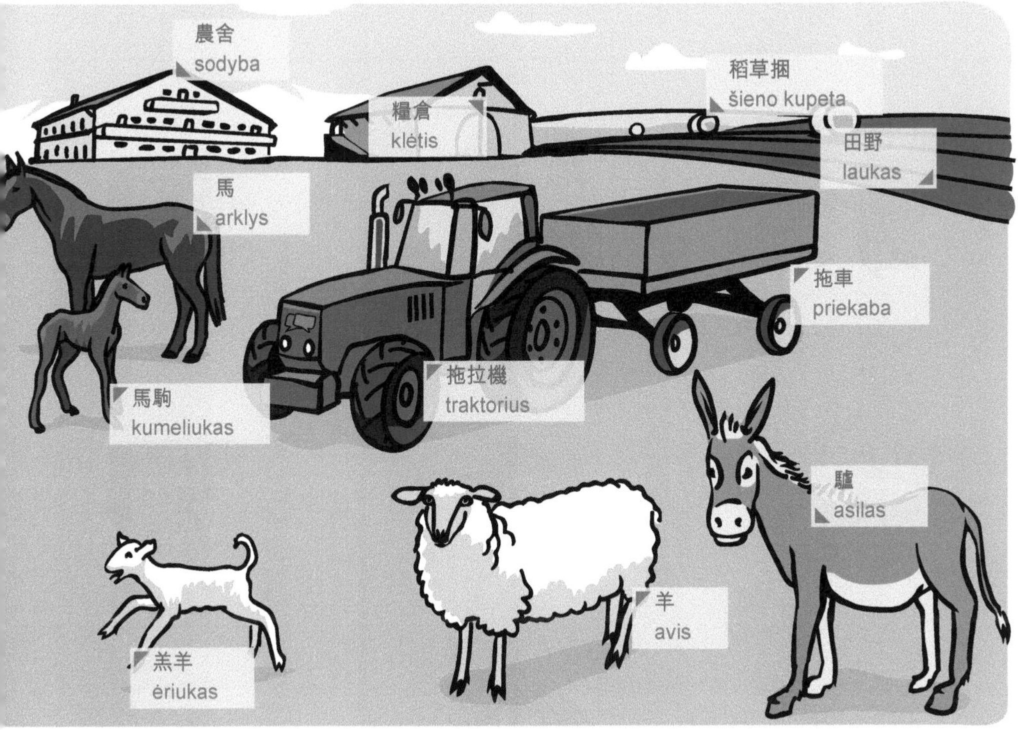
農舍
sodyba
稻草捆
šieno kupeta
糧倉
klėtis
田野
laukas
馬
arklys
拖車
priekaba
拖拉機
traktorius
馬駒
kumeliukas
驢
asilas
羊
avis
羔羊
ėriukas

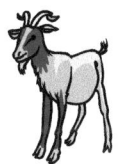

山羊

ožys

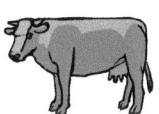

奶牛

karvė

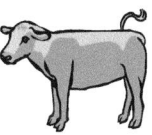

小牛

veršis

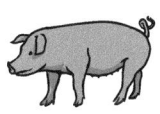

豬

kiaulė

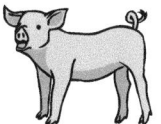

小豬

paršelis

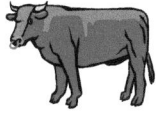

公牛

bulius

鵝
žąsis

鴨
antis

小雞
viščiukas

母雞
višta

公雞
gaidys

鼠
žiurkė

貓
katė

老鼠
pelė

牛
jautis

狗
šuo

狗屋
šuns būda

花園澆水軟管
sodo namas

澆水壺
laistytuvas

長柄大鐮刀
dalgis

犁
plūgas

鐮刀
pjautuvas

鋤頭
kauptukas

長柄草耙
šakės

斧頭
kirvis

獨輪手推車
statinė

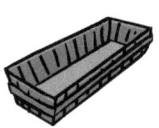

飼料槽
lovys

牛奶罐
bidonas

麻布袋
maišas

柵欄
tvora

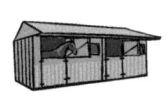

馬廄
arklidė

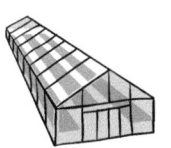

溫室
šiltnamis

土壤
dirva

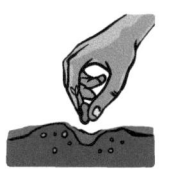

種子
sėkla

肥料
trąšos

聯合收割機
kombainas

收割
rinkti

收割
derlius

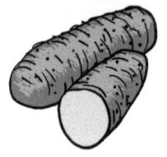

地瓜
saldžiosios bulvės

小麥
kviečiai

大豆
soja

土豆
bulvė

玉米
kukurūzai

油菜籽
rapsai

果樹
vaismedis

樹薯
manijokas

穀物
grūdai

房子
namas

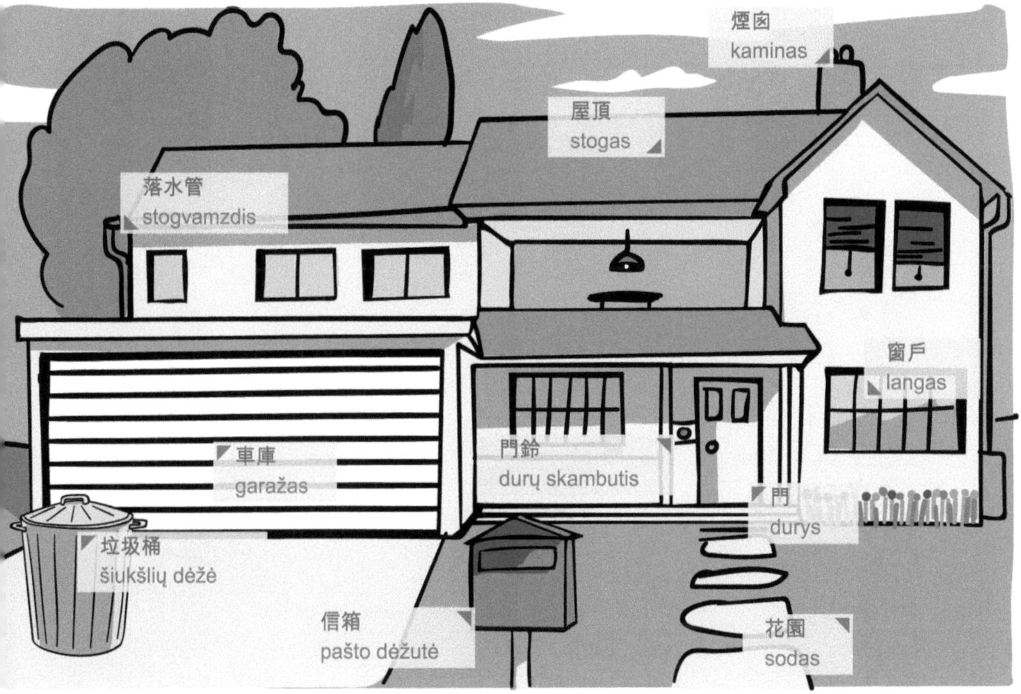

煙囪
kaminas
屋頂
stogas
落水管
stogvamzdis
窗戶
langas
車庫
garažas
門鈴
durų skambutis
門
durys
垃圾桶
šiukšlių dėžė
信箱
pašto dėžutė
花園
sodas

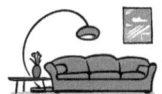

客廳
svetainė

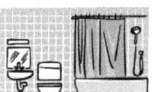

浴室
vonios kambarys

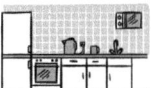

廚房
virtuvė

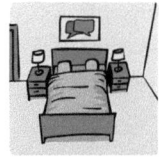

臥室
miegamasis

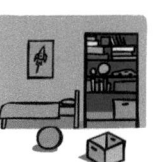

兒童房
vaiko kambarys

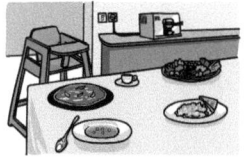

餐廳
valgomasis

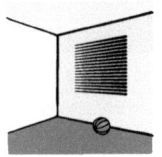

地板

grindys

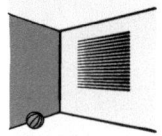

牆壁

siena

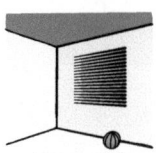

天花板

lubos

地窖

rūsys

三溫暖

sauna

陽臺

balkonas

露臺

terasa

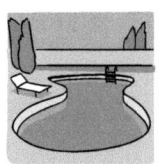

游泳池

baseinas

割草機

žoliapjovė

被單

paklodė

床罩

lovatiesė

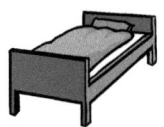

床

lova

掃帚

šluota

水桶

kibiras

開關

jungiklis

客廳

svetainė

壁紙
tapetai
相片
nuotrauka
檯燈
šviestuvas
擱架
lentyna
櫥櫃
spintelė
電視
televizorius
壁爐
židinys
花
gėlė
墊子
pagalvėlė
沙發
sofa
花瓶
vaza
遙控器
nuotolinio valdymo pultelis

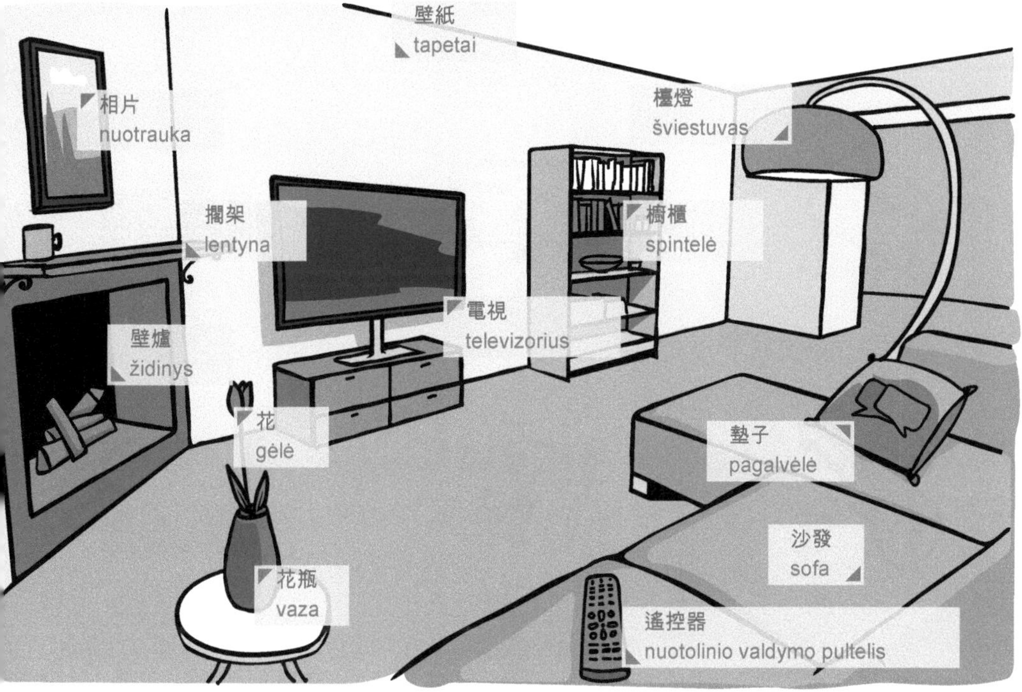

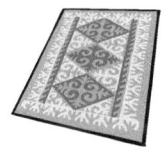

地毯

kilimas

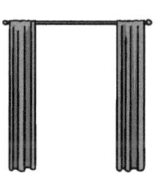

窗簾

užuolaida

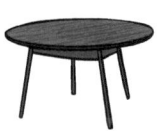

餐桌

stalas

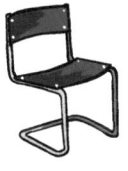

椅子

kėdė

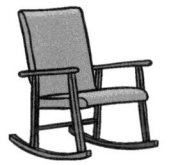

搖椅

supamasis krėslas

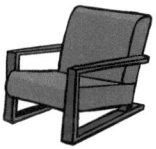

扶手椅

fotelis

書

knyga

毯子

antklodė

裝飾品

papuošimai

木柴

malkos

電影

filmas

高傳真音響

stereo aparatūra

鑰匙

raktas

報紙

laikraštis

油畫

paveikslas

海報

plakatas

收音機

radijas

筆記本

užrašų knygelė

吸塵器

dulkių siurblys

仙人掌

kaktusas

蠟燭

žvakė

廚房
virtuvė

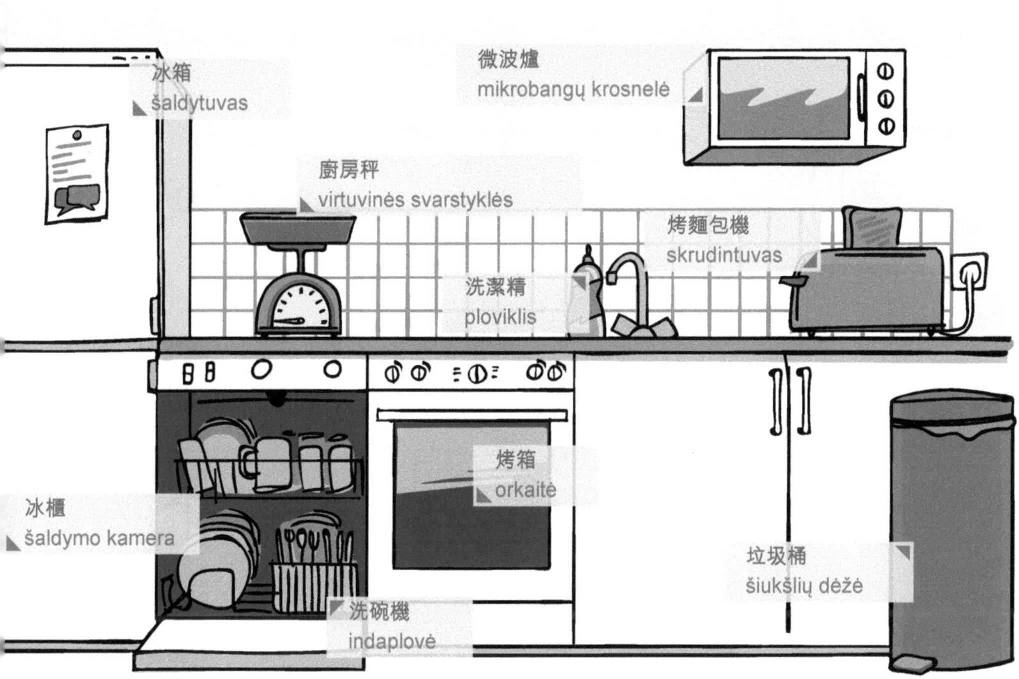
冰箱
šaldytuvas
微波爐
mikrobangų krosnelė
廚房秤
virtuvinės svarstyklės
烤麵包機
skrudintuvas
洗潔精
ploviklis
烤箱
orkaitė
冰櫃
šaldymo kamera
垃圾桶
šiukšlių dėžė
洗碗機
indaplovė

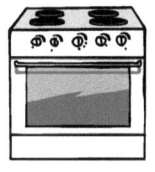

炊具
viryklė

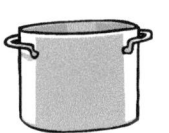

鍋
puodas

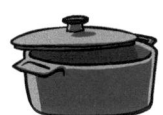

鑄鐵鍋
ketaus puodas

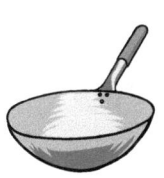

炒鍋
„wok“ keptuvė

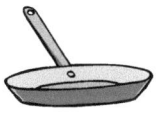

平底鍋
keptuvė

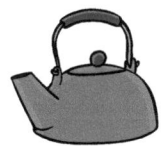

水壺
virdulys

蒸鍋

garų puodas

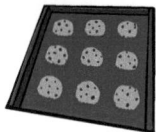

烤盤

kepimo skarda

陶瓷鍋

porceliano indai

馬克杯

puodelis

碗

dubuo

筷子

valgomosios lazdelės

長柄勺

samtis

鏟子

mentelė

攪拌器

plaktuvas

濾網

koštuvas

篩子

sietas

磨碎機

trintuvė

研缽

grūstuvė

燒烤

kepsninė

明火

atvira liepsna

菜板
pjaustymo lentelė

擀麵杖
kočėlas

開瓶器
kamščiatraukis

罐子
skardinė

開罐器
skardinių atidarytuvas

隔熱手套
puodkėlė

水槽
kriauklė

刷子
šepetys

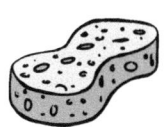

海綿
kempinė

攪拌機
trintuvas

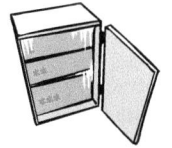

冷藏箱
šaldiklis

奶瓶
kūdikių buteliukas

水龍頭
čiaupas

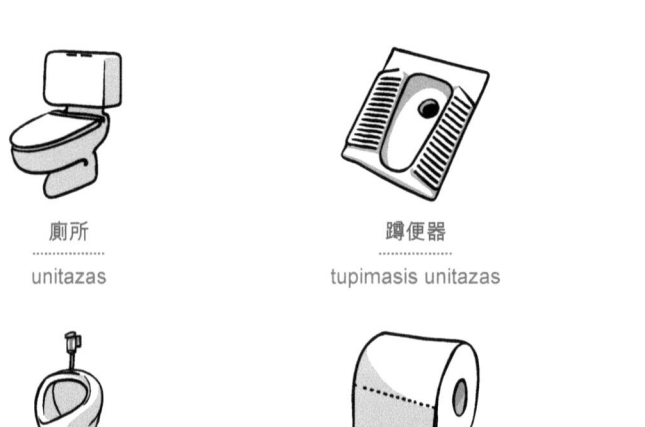

浴室

vonios kambarys

供暖裝置
šildymas
毛巾
rankšluostis
淋浴
dušas
浴簾
dušo užuolaidos
泡沫浴
vonios putos
浴缸
vonia
玻璃杯
stiklinė
洗衣機
skalbimo mašina
水龍頭
čiaupas
瓷磚
plytelės
便壺
naktinis puodukas
水槽
kriauklė

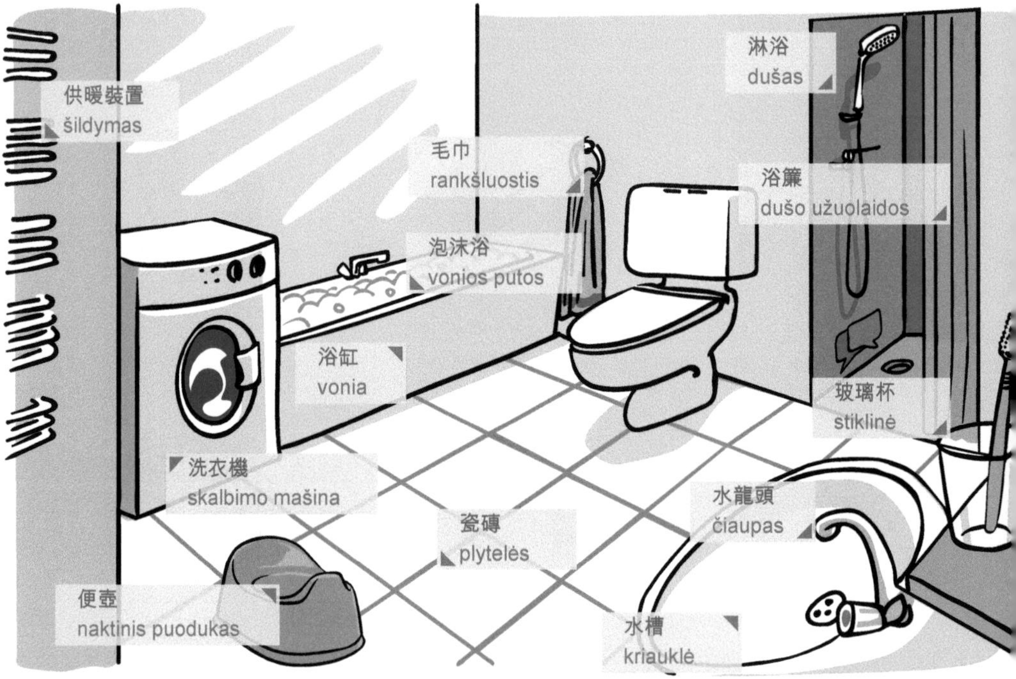

廁所

unitazas

蹲便器

tupimasis unitazas

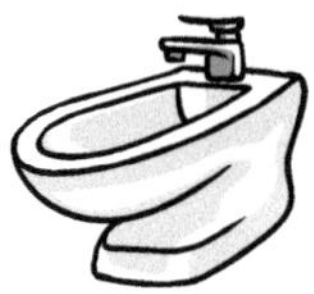

坐浴器

bidė

小便斗

pisuaras

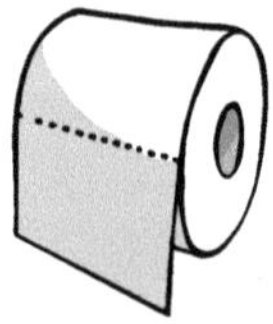

廁紙

tualetinis popierius

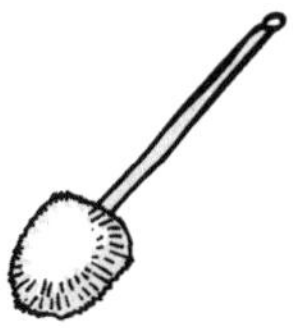

馬桶刷

unitazo šepetys

牙刷

dantų šepetėlis

牙膏

dantų pasta

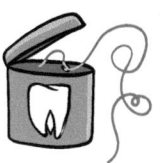

牙線

dantų siūlas

洗

plauti

手持式蓮蓬頭

dušo galvutė

沖洗器

higieninis dušas

洗臉盆

praustuvas

洗背刷

nugaros plaušinė

肥皂

muilas

沐浴露

dušo želė

洗髮乳

šampūnas

法蘭絨

plaušinė

排水

kanalizacija

乳霜

kremas

除臭劑

dezodorantas

鏡子

veidrodis

手鏡

veidrodėlis

刮鬍刀

skustuvas

刮鬍泡沫

skutimosi putos

鬍後水

losjonas po skutimosi

梳子

šukos

刷子

šepetys

吹風機

plaukų džiovintuvas

噴髮定型劑

plaukų lakas

化妝品

makiažas

唇膏

lūpdažis

指甲油

nagų lakas

化妝棉

vata

指甲剪

žirklutės nagams

香水

kvepalai

洗漱包

maišelis skalbiniams

凳子

taburetė

計重秤

svarstyklės

浴袍

chalatas

橡膠手套

guminės pirštinės

衛生棉條

tamponas

衛生棉

higieninis įklotas

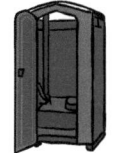

化學廁所

biotualetas

兒童房

vaiko kambarys

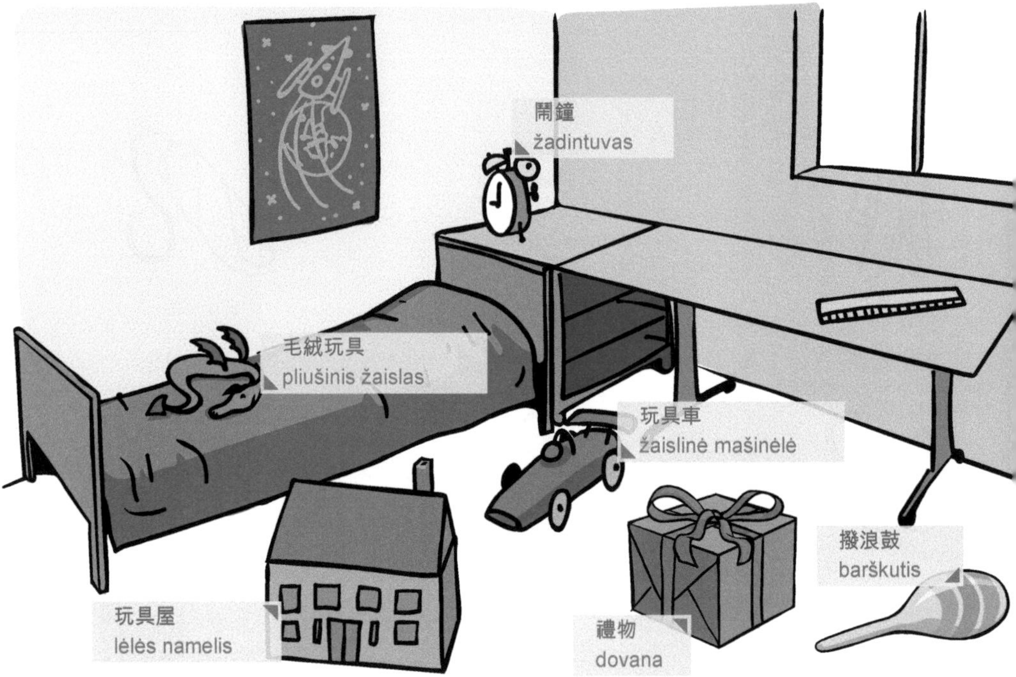

鬧鐘
žadintuvas
毛絨玩具
pliušinis žaislas
玩具車
žaislinė mašinėlė
撥浪鼓
barškutis
玩具屋
lėlės namelis
禮物
dovana

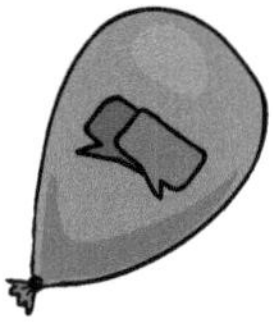

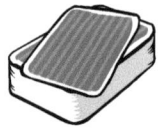

氣球

balionas

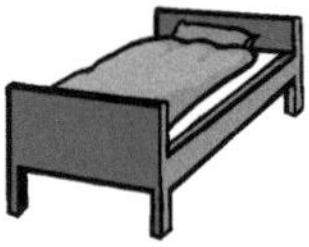

床

lova

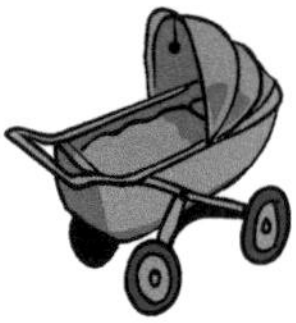

嬰兒車

vaikiškas vežimėlis

撲克牌

kortų malka

拼圖

delionė

SUPER
MEGA

漫畫

komiksai

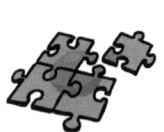

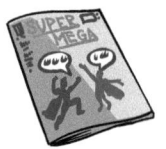

樂高積木
lego kaladėlės

積木玩具
žaislinės kaladėlės

公仔
figūrėlė

嬰兒服
šliaužtinukai

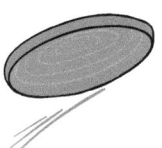

飛盤
mėtymo lėkštė

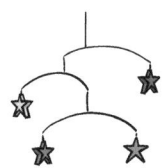

床鈴玩具
karuselė

棋盤遊戲
stalo žaidimas

骰子
kauliukai

火車模型
žaislinis traukinys

安撫奶嘴
žindukas

派對
vakarėlis

繪本
paveiksliukų knygelė

球
kamuolys

洋娃娃
lėlė

玩
žaisti

沙坑

smėlio dėžė

鞦韆

sūpynės

玩具

žaislai

電玩遊戲

žaidimų konsolė

三輪車

triratukas

泰迪熊

meškiukas

衣櫃

drabužių spinta

衣服

drabužis

襪子

kojinės

長襪

kojinės virš kelių

緊身褲

pėdkelnės

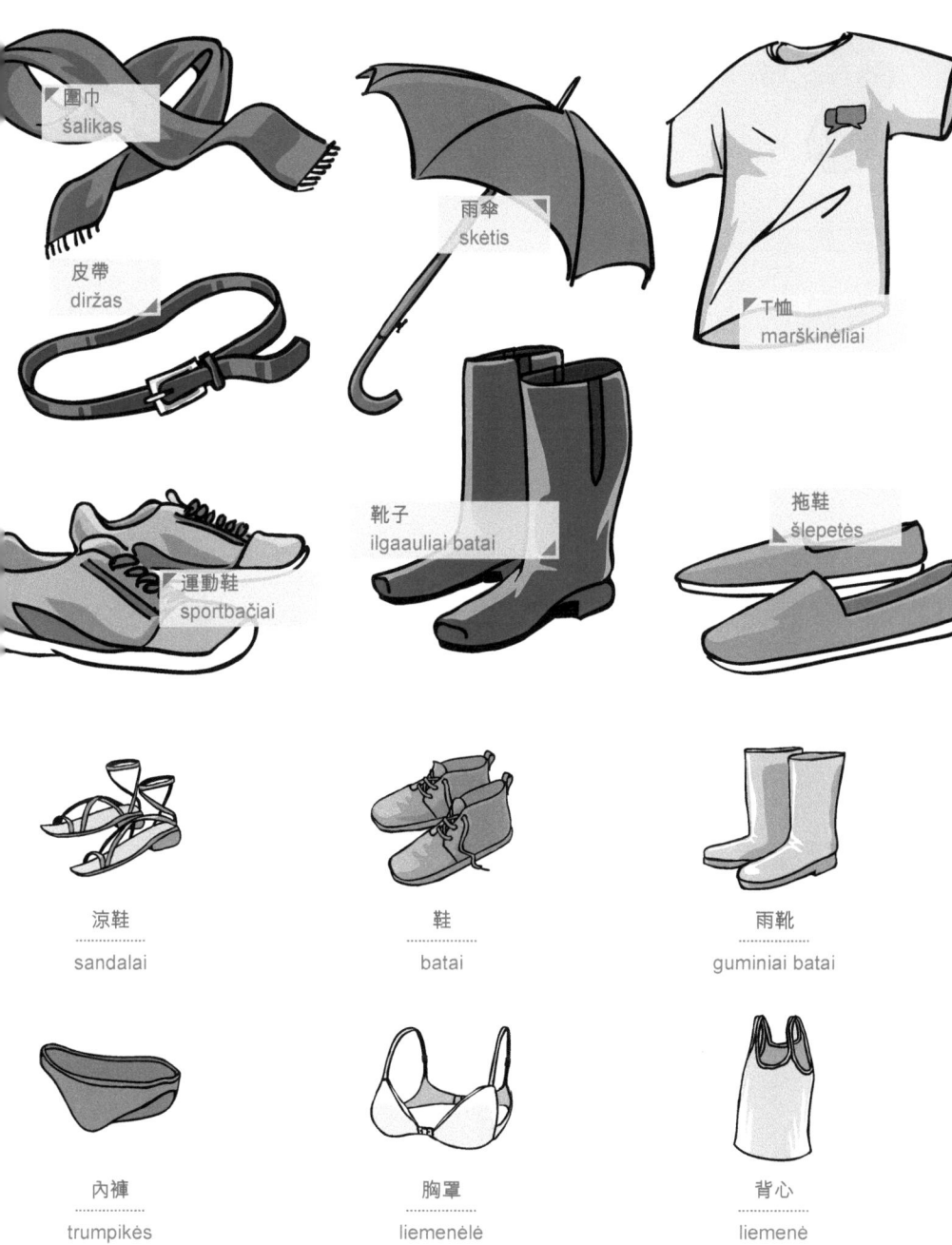

圍巾
šalikas

雨傘
skėtis

T恤
marškinėliai

皮帶
diržas

靴子
ilgaauliai batai

拖鞋
šlepetės

運動鞋
sportbačiai

涼鞋
sandalai

鞋
batai

雨靴
guminiai batai

內褲
trumpikės

胸罩
liemenėlė

背心
liemenė

衣服 - drabužis

45

身體

glaustinukė

褲子

kelnės

牛仔褲

džinsai

短裙

sijonas

女式襯衫

palaidinė

襯衫

marškiniai

套頭衫

megztinis

連帽上衣

megztinis su gobtuvu

西裝夾克

švarkelis

夾克

švarkas

外套

paltas

雨衣

lietpaltis

套裝

kostiumas

連衣裙

suknelė

婚紗

vestuvinė suknelė

西裝
kostiumas

睡袍
naktiniai marškiniai

睡衣
pižama

莎麗
saris

頭巾
skarelė

包頭巾
tiurbanas

波卡
burka

卡夫坦
kaftanas

(阿拉伯式)長袍
abaja

泳衣
maudymosi kostiumėlis

男式泳褲
glaudės

短褲
šortai

運動服
sportinis kostiumas

圍裙
prijuostė

手套
pirštinės

鈕扣

saga

眼鏡

akiniai

手鏈

apyrankė

項鍊

vėrinys

戒指

žiedas

耳環

auskaras

便帽

kepurė

衣架

pakabas

帽子

skrybėlė

領帶

kaklaraištis

拉鍊

užtrauktukas

安全帽

šalmas

背帶

breketai

校服

mokyklinė uniforma

制服

uniforma

圍兜
seilinukas

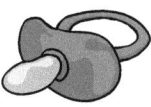

安撫奶嘴
žindukas

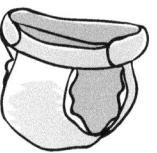

尿布
vystyklai

辦公室
biuras

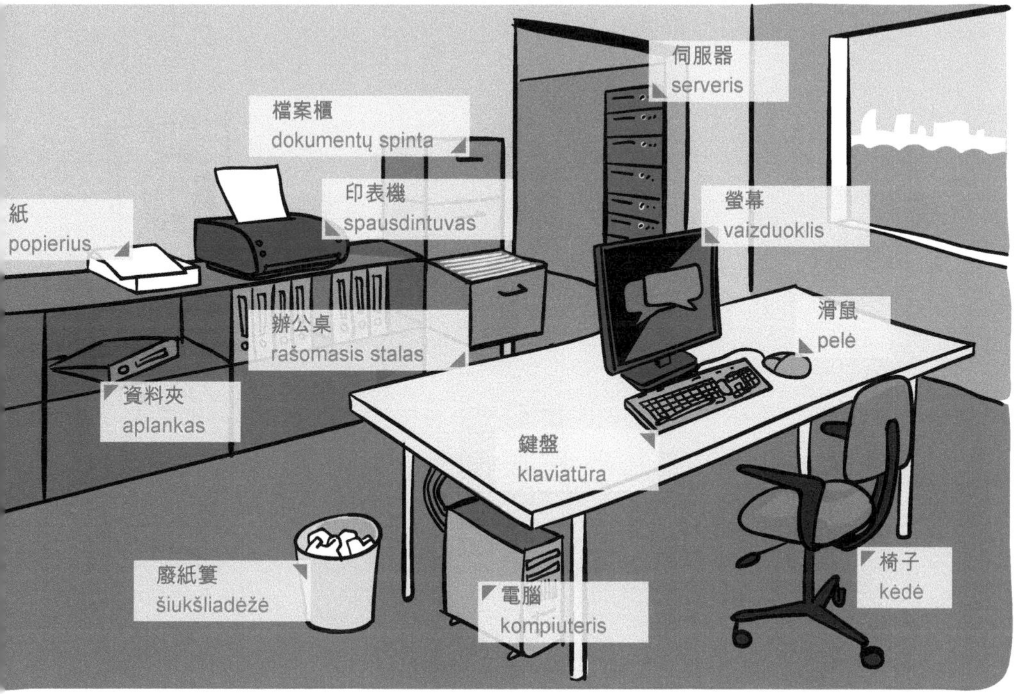

伺服器
serveris

檔案櫃
dokumentų spinta

印表機
spausdintuvas

紙
popierius

螢幕
vaizduoklis

辦公桌
rašomasis stalas

滑鼠
pelė

資料夾
aplankas

鍵盤
klaviatūra

廢紙簍
šiukšliadėžė

電腦
kompiuteris

椅子
kėdė

咖啡杯
kavos puodelis

計算機
kalkuliatorius

網際網路
internetas

筆記型電腦

nešiojamasis kompiuteris

信件

laiškas

簡訊

žinutė

行動電話

mobilusis telefonas

網路

tinklas

影印機

fotokopijavimo aparatas

軟體

programinė įranga

電話

telefonas

插座

kištukinis lizdas

傳真機

faksas

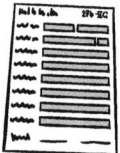

表格

forma

檔案

dokumentas

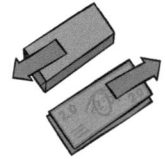

買
pirkti

付錢
mokėti

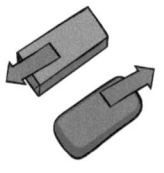

交易
prekiauti

現金
pinigai

美元
doleris

歐元
euras

日元
jena

盧布
rublis

瑞士法郎
Šveicarijos frankas

人民幣
juanis

盧比
rupija

提款處
bankomatas

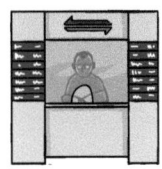

外幣兌換處

valiutos keitykla

金

auksas

銀

sidabras

石油

nafta

能源

energija

價格

kaina

合約

sutartis

稅金

mokestis

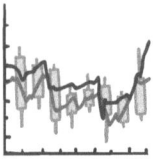

股票

akcijos

工作

dirbti

職員

darbuotojas

老闆

darbdavys

工廠

gamykla

商店

parduotuvė

警官
policininkas

消防員
ugniagesys

廚師
virėjas

醫師
gydytojas

飛行員
lakūnas

園丁

sodininkas

木匠

stalius

裁縫

siuvėja

法官

teisėjas

化學家

chemikas

演員

aktorius

公車司機

autobuso vairuotojas

計程車司機

taksi vairuotojas

漁夫

žvejys

清洗女工

valytoja

屋頂工

stogdengys

服務生

padavėjas

獵人

medžiotojas

畫家

dailininkas

麵包師

kepėjas

電工

elektrikas

建築工人

statybininkas

工程師

inžinierius

屠夫

mėsininkas

水管工

santechnikas

郵差

paštininkas

士兵

kareivis

建築師

architektas

收銀員

kasininkas

花農

gėlininkas

理髮師

kirpėjas

售票員

konduktorius

機械技師

mechanikas

船長

kapitonas

牙醫

odontologas

科學家

mokslininkas

拉比

rabinas

伊瑪目

imamas

和尚

vienuolis

牧師

kunigas

工具
įrankiai

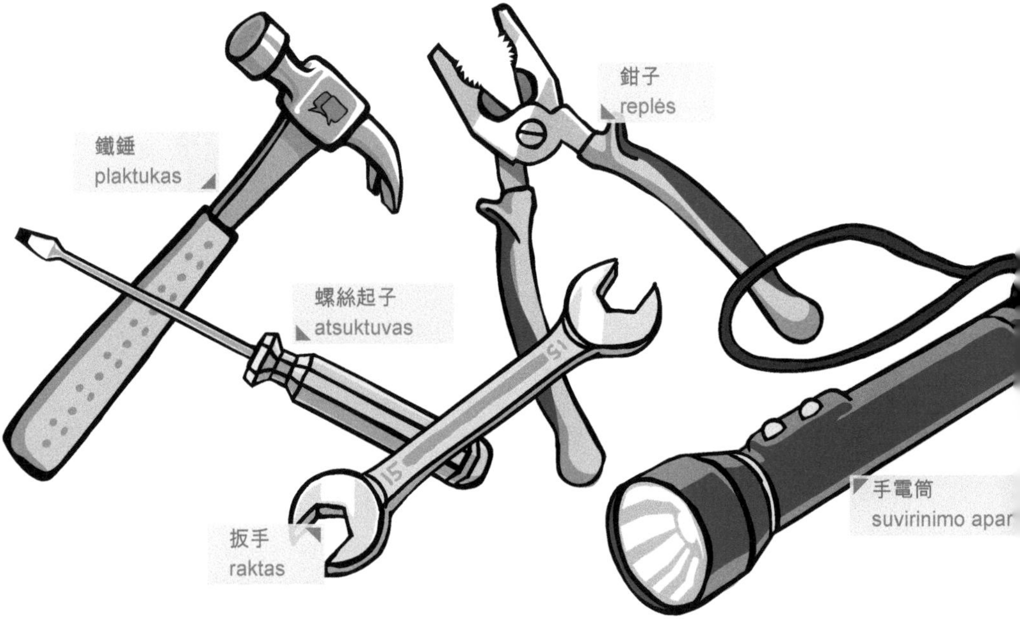

鐵錘
plaktukas
鉗子
replės
螺絲起子
atsuktuvas
扳手
raktas
手電筒
suvirinimo apar

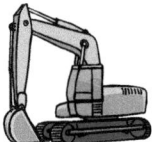

挖掘機

ekskavatorius

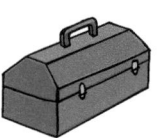

工具箱

įrankių dėžė

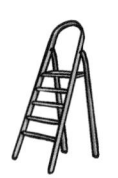

梯子

kopėčios

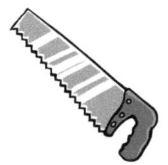

鋸子

pjūklas

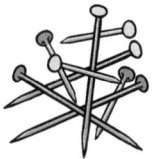

釘子

vinys

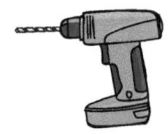

鑽機

grąžtas

修
....
taisyti

鏟子
....
kastuvas

糟糕！
....
Velniava!

畚箕
....
semtuvėlis

油漆桶
....
dažų skardinė

螺絲
....
varžtai

樂器

muzikos instrumentai

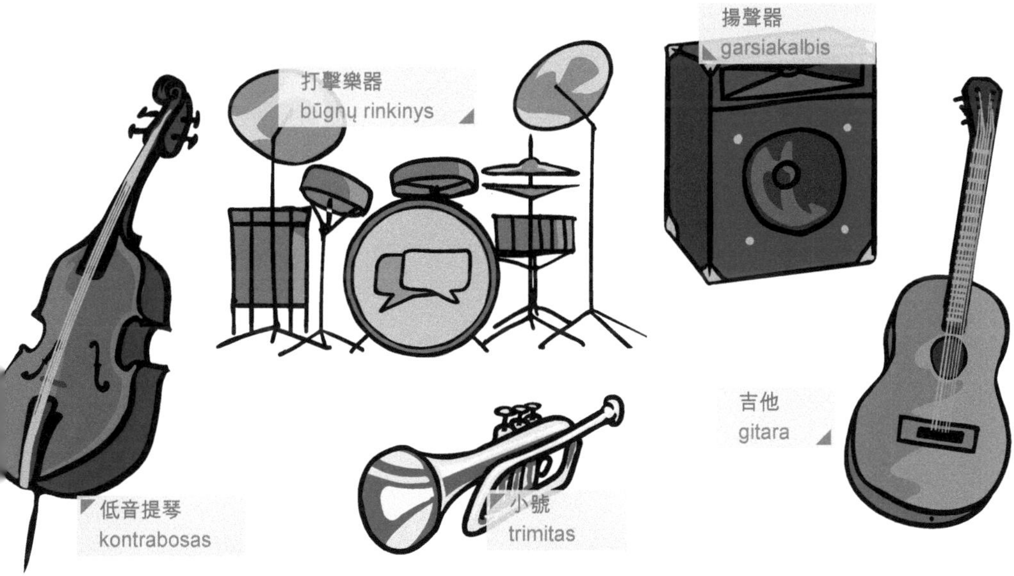

揚聲器
garsiakalbis

打擊樂器
būgnų rinkinys

低音提琴
kontrabosas

小號
trimitas

吉他
gitara

鋼琴

pianinas

小提琴

smuikas

貝斯

bosinė gitara

定音鼓

timpanas

鼓

būgnai

電子琴

sintezatorius

薩克斯風

saksofonas

長笛

fleita

麥克風

mikrofonas

動物園

zoologijos sodas

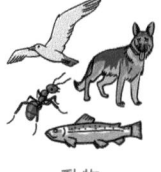

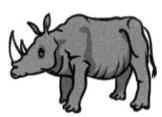

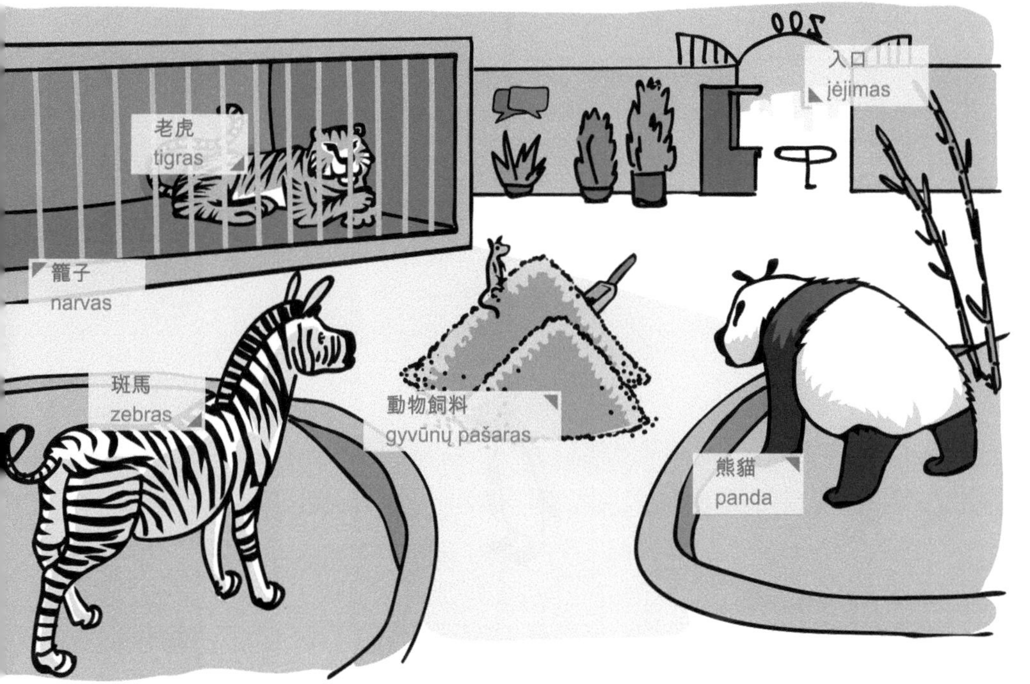

老虎
tigras
入口
įėjimas
籠子
narvas
斑馬
zebras
動物飼料
gyvūnų pašaras
熊貓
panda

動物

gyvūnai

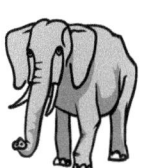

大象

dramblys

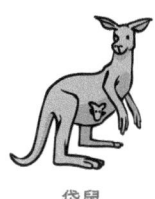

袋鼠

kengūra

犀牛

raganosis

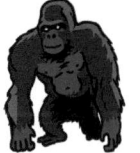

大猩猩

gorila

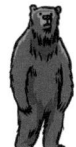

熊

meška

駱駝

kupranugaris

鴕鳥

strutis

獅子

liūtas

猴子

beždžionė

紅鶴

flamingas

鸚鵡

papūga

北極熊

baltoji meška

企鵝

pingvinas

鯊魚

ryklys

孔雀

povas

蛇

gyvatė

鱷魚

krokodilas

動物園管理員

zoologijos sodo prižiūrėtojas

海豹

ruonis

美洲豹

jaguaras

矮種馬

ponis

豹

leopardas

河馬

begemotas

長頸鹿

žirafa

老鷹

erelis

野豬

šernas

魚

žuvis

龜

vėžlys

海象

vėplys

狐狸

lapė

羚羊

gazelė

橄欖球
amerikietiškas futbolas

騎腳踏車
dviračių sportas

網球
tenisas

籃球
krepšinis

游泳
plaukimas

拳擊
boksas

冰球
ledo ritulys

美式足球
futbolas

羽毛球
badmintonas

田徑
atletika

手球
rankinis

滑雪
slidinėjimas

馬球
polas

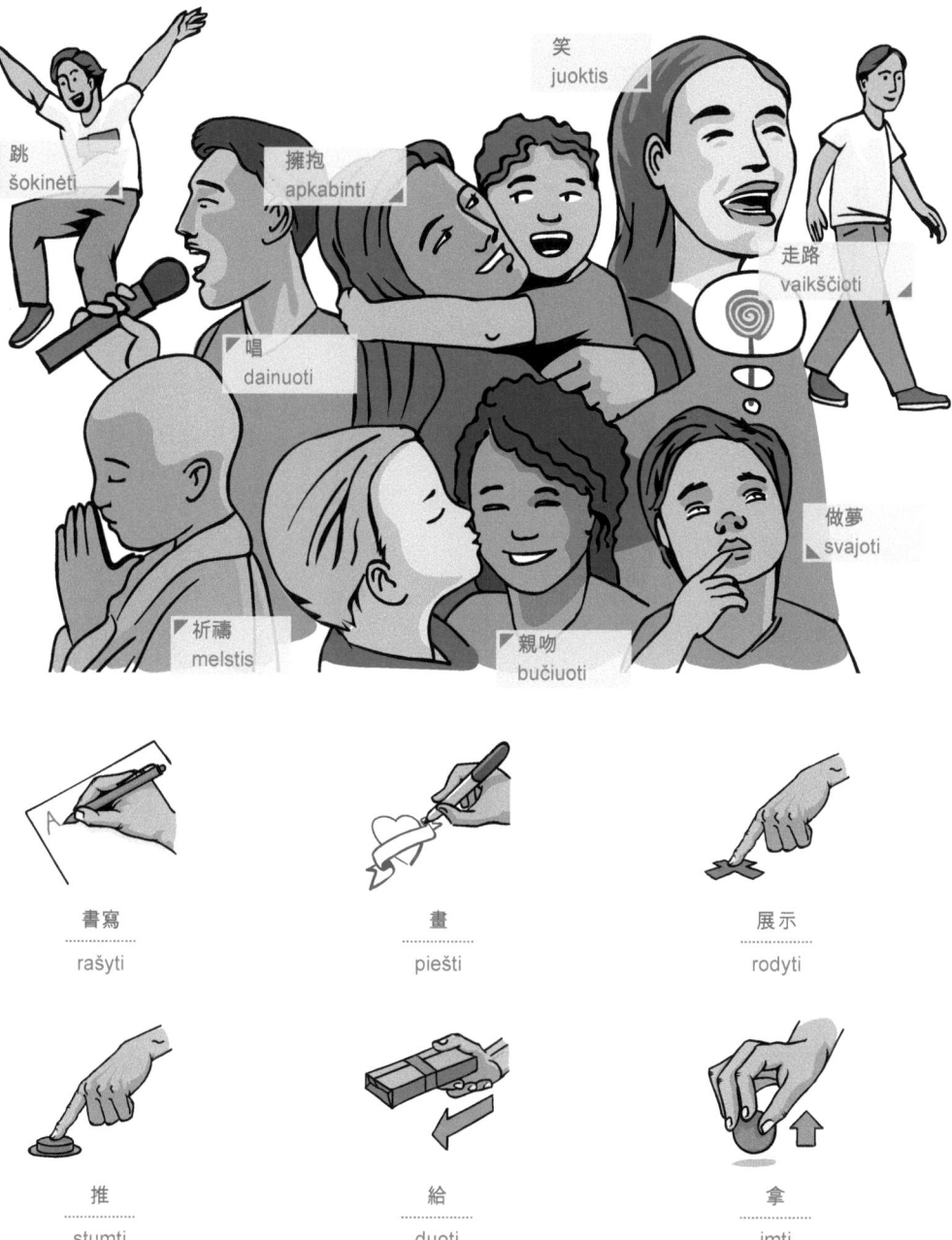

跳
šokinėti

擁抱
apkabinti

笑
juoktis

走路
vaikščioti

唱
dainuoti

做夢
svajoti

祈禱
melstis

親吻
bučiuoti

書寫	畫	展示
rašyti	piešti	rodyti

推	給	拿
stumti	duoti	imti

有
turėti

做
daryti

當
būti

站
stovėti

跑
bėgti

拉
traukti

丟
mesti

摔倒
kristi

躺
meluoti

等待
laukti

攜帶
nešti

坐
sėdėti

穿衣
rengtis

睡覺
miegoti

醒來
pabusti

看
žiūrėti

哭
verkti

擊
glostyti

梳頭
šukuoti

交談
kalbėti

明白
suprasti

問
paklausti

聽
klausytis

喝
gerti

吃
valgyti

清理
tvarkytis

愛
mylėti

做飯
gaminti

開車
vairuoti

飛
skristi

航行

buriuoti

計算

skaičiuoti

讀

skaityti

學習

mokytis

工作

dirbti

結婚

vesti

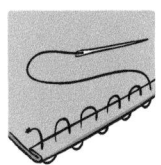

縫

siūti

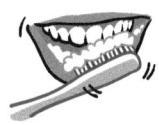

刷牙

valytis dantis

殺

žudyti

抽菸

rūkyti

寄

siųsti

祖母
senelė

祖父
senelis

父親
tėvas

母親
motina

嬰兒
kūdikis

女兒
dukra

兒子
sūnus

客人

svečias

阿姨

teta

叔叔

dėdė

兄弟

brolis

姐妹

sesuo

身體

kūnas

前額
kakta
眼睛
akis
肩膀
petys
手指
pirštas
臉
veidas
下巴
smakras
手
plaštaka
腿
koja
乳房
krūtinė
手臂
ranka

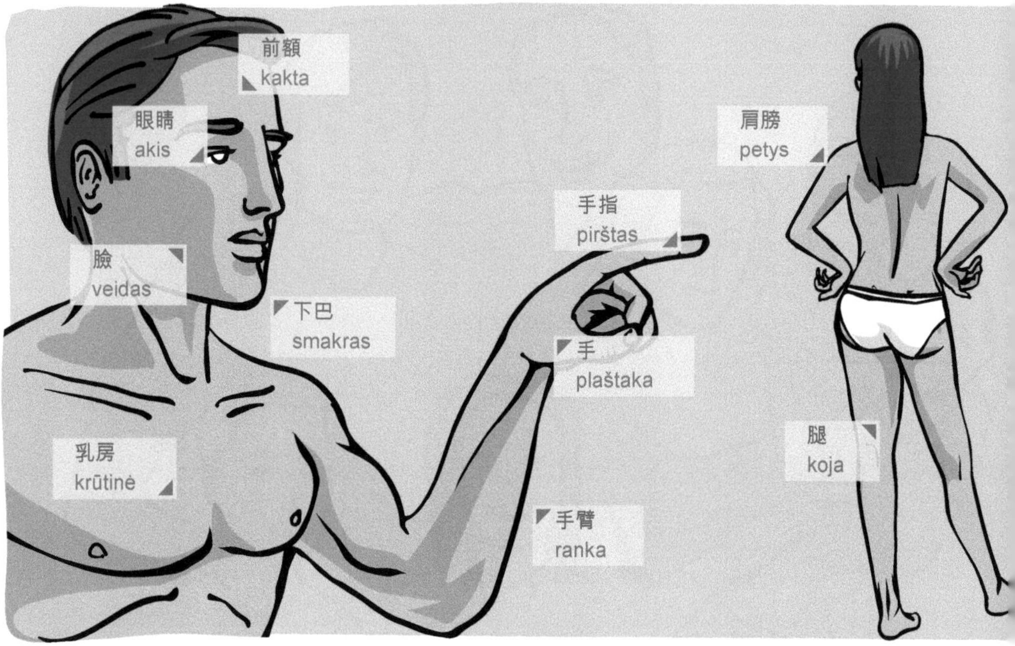

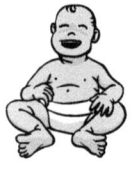

嬰兒

kūdikis

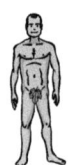

男人

vyras

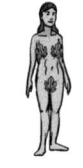

女人

moteris

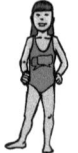

女孩

mergaitė

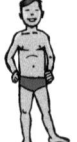

男孩

berniukas

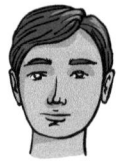

頭

galva

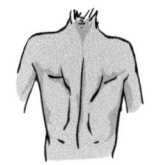

背部

nugara

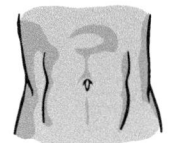

肚子

pilvas

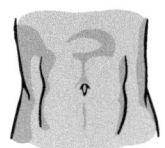

肚臍

bamba

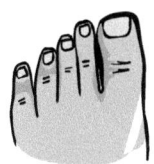

腳趾

kojos pirštas

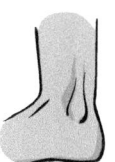

腳後跟

kulnas

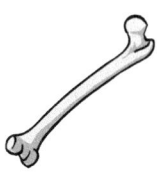

骨頭

kaulas

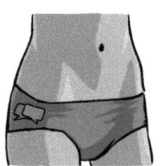

臀部

klubas

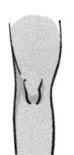

膝蓋

kelis

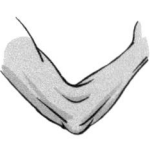

手肘

alkūnė

鼻子

nosis

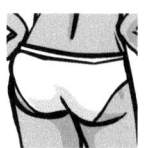

屁股

sėdmenys

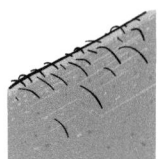

皮膚

oda

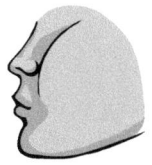

臉頰

skruostas

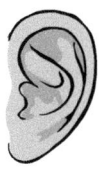

耳朵

ausis

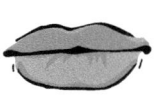

嘴唇

lūpa

嘴
burna

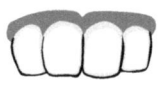

牙齒
dantis

舌頭
liežuvis

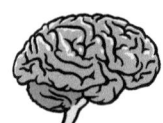

腦
smegenys

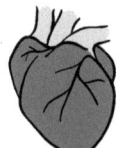

心臟
širdis

肌肉
raumuo

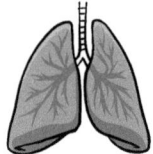

肺
plaučiai

肝臟
kepenys

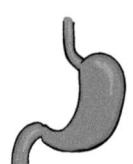

胃
skrandis

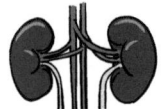

腎臟
inkstai

性交
seksas

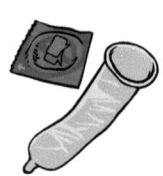

保險套
prezervatyvas

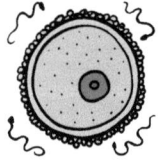

卵子
kiaušialąstė

精子
sperma

懷孕
nėštumas

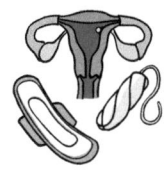

月事

menstruacijos

陰道

makštis

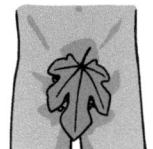

陰莖

varpa

眉毛

antakis

頭髮

plaukai

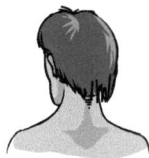

脖子

kaklas

醫院
ligoninė

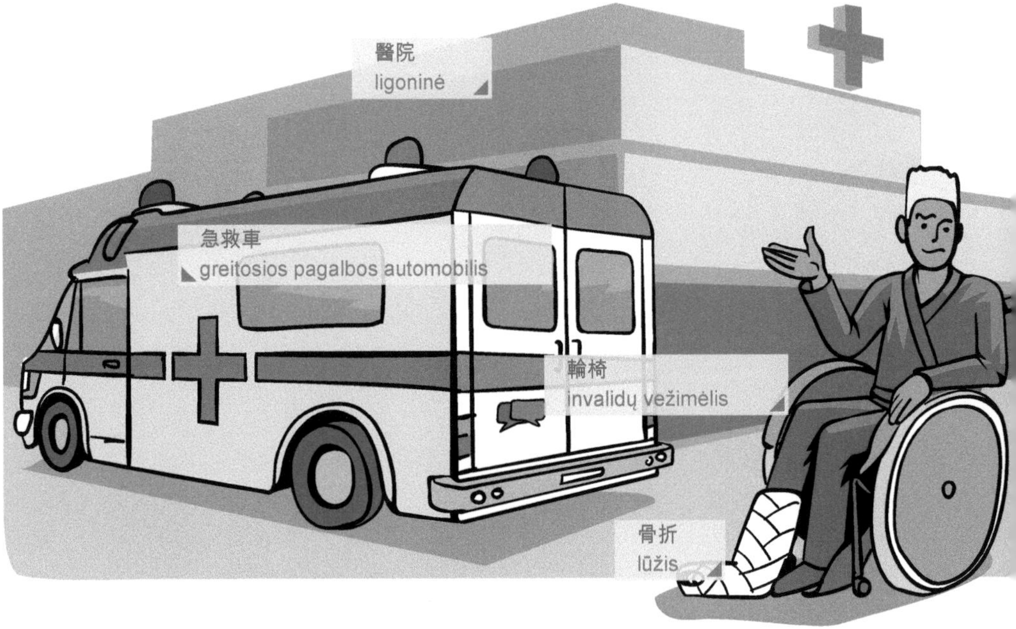

醫院
ligoninė
急救車
greitosios pagalbos automobilis
輪椅
invalidų vežimėlis
骨折
lūžis

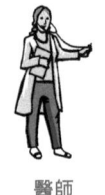

醫師

gydytojas

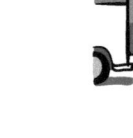

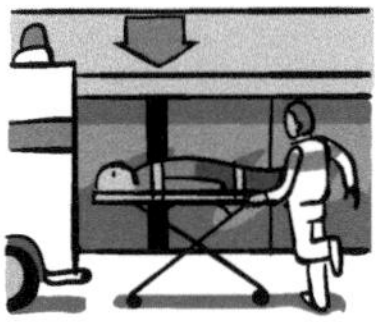

急診室

skubios pagalbos skyrius

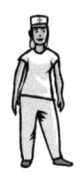

護理師

slaugytoja

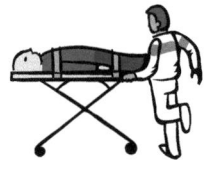

緊急情形

nelaimingas atsitikimas

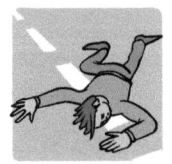

昏迷

be sąmonės

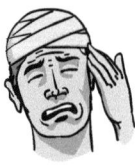

痛

skausmas

受傷

sužalojimas

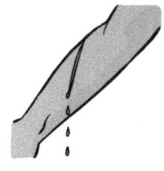

出血

kraujavimas

心臟病發作

širdies smūgis

中風

insultas

過敏

alergija

咳嗽

kosulys

發燒

karščiavimas

流感

gripas

腹瀉

viduriavimas

頭痛

galvos skausmas

癌症

vėžys

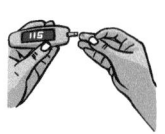

糖尿病

diabetas

外科醫師

chirurgas

手術刀

skalpelis

手術

operacija

電腦斷層掃描

KT

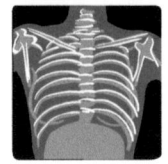

X光

rentgenas

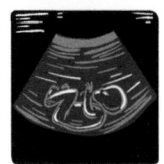

超音波

ultragarsas

口罩

veido kaukė

疾病

liga

候診室

laukiamasis

拐杖

ramentas

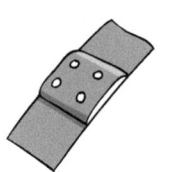

石膏

gipsas

繃帶

tvarstis

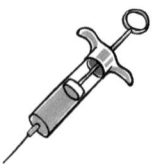

注射

injekcija

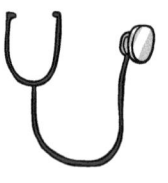

聽診器

stetoskopas

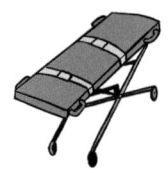

擔架

neštuvai

體溫計

termometras

出生

gimimas

超重

antsvoris

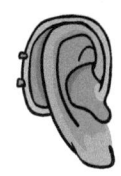

助聽器
klausos aparatas

消毒液
dezinfekavimo priemonė

感染
infekcija

病毒
virusas

愛滋病
ŽIV / AIDS

藥物
vaistas

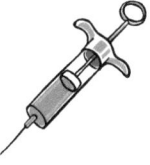

接種疫苗
skiepijimas

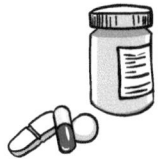

藥片
tabletės

藥丸
piliulė

急救電話
kubios pagalbos numeris

血壓計
kraujospūdžio matuoklis

生病/健康
ligotas / sveikas

救命！

Padėkite!

警報

pavojaus signalas

突擊

užpuolimas

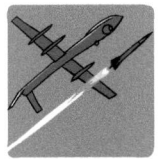

攻擊

ataka

危險

pavojus

緊急出口

avarinis išėjimas

失火了！

Gaisras!

滅火器

gesintuvas

意外

nelaimingas atsitikimas

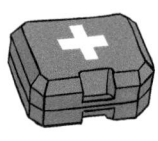

急救箱

pirmosios pagalbos rinkinys

呼救訊號

SOS

員警

policija

歐洲

Europa

北美洲

Šiaurės Amerika

南美洲

Pietų Amerika

非洲

Afrika

亞洲

Azija

澳洲

Australija

大西洋

Atlanto vandenynas

太平洋

Ramusis vandenynas

印度洋

Indijos vandenynas

南冰洋

Pietų vandenynas

北冰洋

Arkties vandenynas

北極

Šiaurės ašigalis

南極

Pietų ašigalis

南極洲

Antarktida

地球

Žemė

陸地

sausuma

海

jūra

島

sala

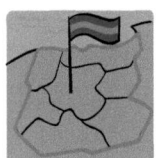

國家

tauta

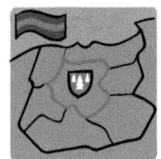

州

valstybė

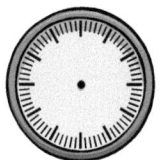

錶盤

ciferblatas

時針

valandinė rodyklė

分針

minutinė rodyklė

秒針

sekundinė rodyklė

現在幾點？

Kiek valandų?

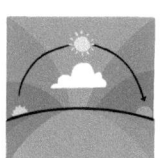

天

diena

時間

laikas

現在

dabar

電子錶

skaitmeninis laikrodis

分

minutė

時

valanda

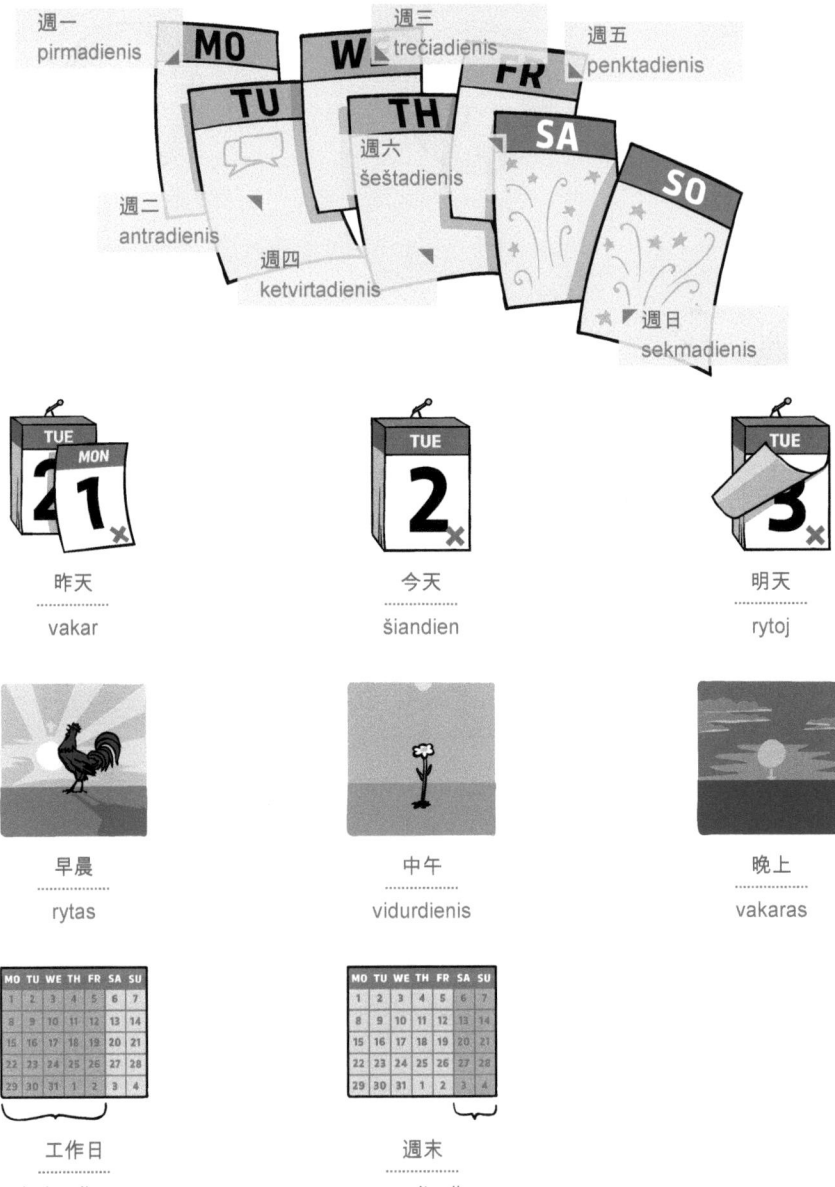

週一
pirmadienis

週三
trečiadienis

週五
penktadienis

週二
antradienis

週四
ketvirtadienis

週六
šeštadienis

週日
sekmadienis

昨天
vakar

今天
šiandien

明天
rytoj

早晨
rytas

中午
vidurdienis

晚上
vakaras

工作日
darbo dienos

週末
savaitgalis

年
metai

雨
lietus
彩虹
vaivorykštė
雪
sniegas
風
vėjas
春
pavasaris
秋
ruduo
夏
vasara
冬
žiema

4.APRIL 11°
5.APRIL 4°
6.APRIL 13°
7.APRIL 8°
8.APRIL 10°

天氣預告

orų prognozė

F
C
120
90
60
30
0
-30
40
30
20
10
0
-10
-20

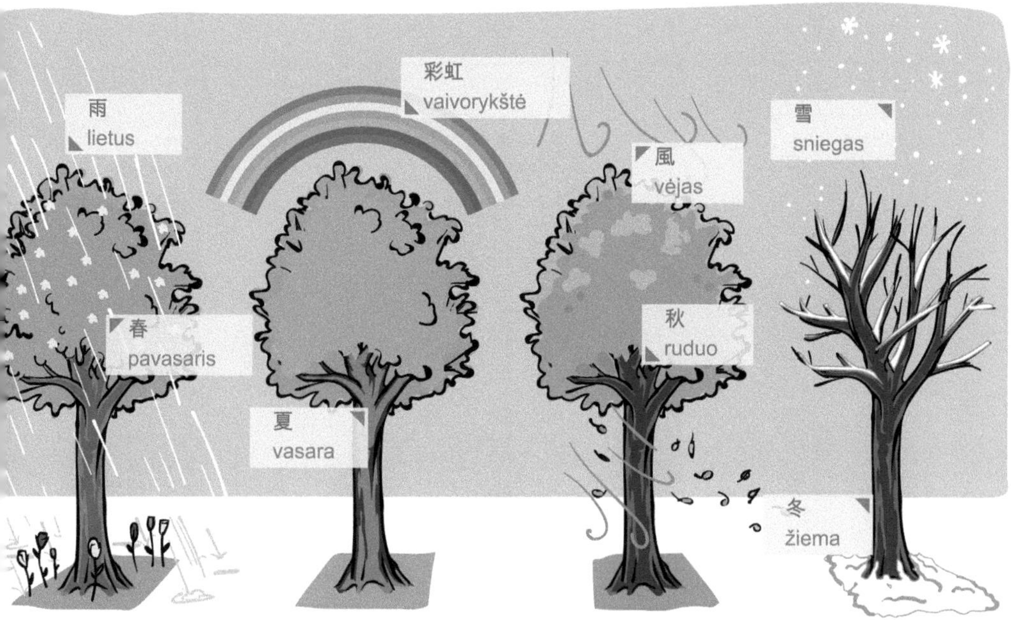

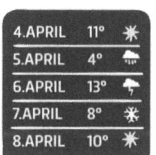

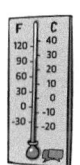

溫度計

lauko termometras

陽光

saulės šviesa

雲

debesis

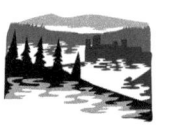

霧

rūkas

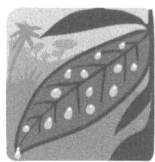

潮濕

drėgmė

閃電

žaibas

打雷

griaustinis

風暴

audra

冰雹

kruša

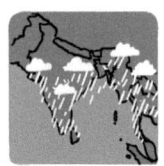

季風

musonas

洪水

potvynis

冰

ledas

一月

sausis

二月

vasaris

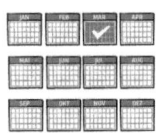

三月

kovas

四月

balandis

五月

gegužė

六月

birželis

七月

liepa

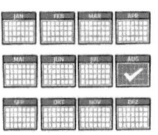

八月

rugpjūtis

九月

rugsėjis

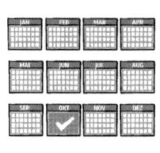

十月

spalis

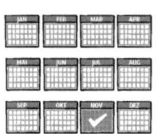

十一月

lapkritis

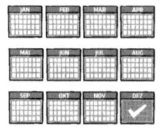

十二月

gruodis

形狀

formos

圓形

apskritimas

正方形

kvadratas

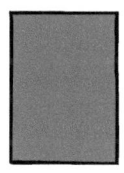

長方形

stačiakampis

三角形

trikampis

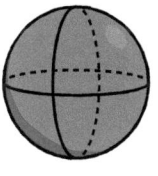

球體

sfera

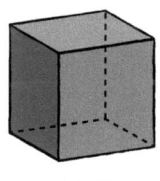

立方體

kubas

顔色
spalvos

白

balta

黃

geltona

橙

oranžinė

粉

rožinė

紅

raudona

紫

violetinė

藍

mėlyna

綠

žalia

棕

ruda

灰

pilka

黑

juoda

很多/少許

daug / mažai

生氣/平靜

piktas / ramus

美/醜

gražus / bjaurus

首/尾

pradžia / pabaiga

大/小

didelis / mažas

明/暗

šviesus / tamsus

兄弟/姐妹

brolis / sesuo

乾淨/骯髒

švarus / purvinas

完整/缺失

užbaigtas / neužbaigtas

白天/晚上

diena / naktis

死/生

miręs / gyvas

寬/窄

platus / siauras

可食用/非食用

valgomas / nevalgomas

邪惡/善良

piktas / malonus

興奮/無聊

linksmas / nuobodus

胖/瘦

storas / plonas

第一/最後

pirmiausia / paskiausia

朋友/敵人

draugas / priešas

滿/空

pilnas / tuščias

硬/軟

kietas / minkštas

重/輕

sunkus / lengvas

餓/渴

alkis / troškulys

生病/健康

ligotas / sveikas

非法/合法

nelegalus / legalus

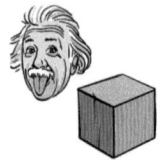

聰明/愚笨

protingas / kvailas

左/右

kairė / dešinė

近/遠

arti / toli

新/舊

naujas / naudotas

沒有/有些

niekas / kažkas

老/幼

senas / jaunas

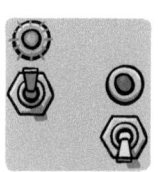
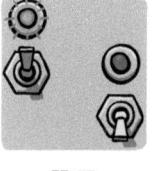

開/關

įjungta / išjungta

打開/闔上

atidaryta / uždaryta

安靜/吵鬧

tylus / garsus

富/窮

turtingas / vargšas

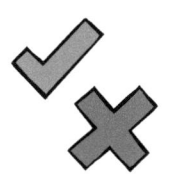

對/錯

teisus / neteisus

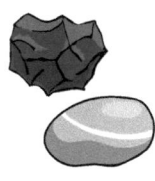

粗糙/光滑

šiurkštus / švelnus

傷心/高興

liūdnas / laimingas

短/長

trumpas / ilgas

慢/快

lėtas / greitas

濕/乾

drėgnas / sausas

溫暖/涼爽

šiltas / šaltas

戰爭/和平

karas / taika

0

零

nulis

1

一

vienas

2

二

du

3

三

trys

4

四

keturi

5

五

penki

6

六

šeši

7

七

septyni

8

八

aštuoni

9

九

devyni

10

十

dešimt

11

十一

vienuolika

12
十二
dvylika

13
十三
trylika

14
十四
keturiolika

15
十五
penkiolika

16
十六
šešiolika

17
十七
septyniolika

18
十八
aštuoniolika

19
十九
devyniolika

20
二十
dvidešimt

100
百
šimtas

1.000
千
tūkstantis

1.000.000
百萬
milijonas

語言

kalbos

英語

anglų

美式英語

amerikiečių anglų

普通話

kinų (mandarinų)

印地語

hindi

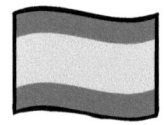

西班牙語

ispanų

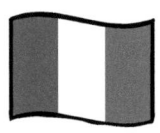

法語

prancūzų

阿拉伯語

arabų

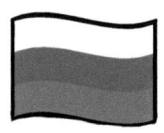

俄語

rusų

葡萄牙語

portugalų

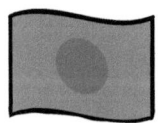

孟加拉語

bengalų

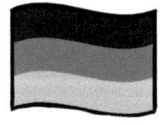

德語

vokiečių

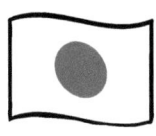

日語

japonų

我

aš

你

tu

他/她/它

jis / ji

我們

mes

你們

jūs

他們

jie

誰？

kas?

什麼？

ką?

何處？

kur?

何時？

kada?

如何？

kaip?

名字

vardas

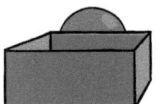

後面

už

裡面

kur (vieta)

前面

priešais

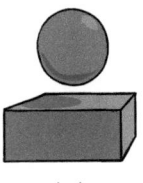

上方

virš

上面

ant

下麵

po

旁邊

prie

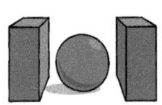

中間

tarp

地點

vieta